비가 오니 용서하기로 했다

비가 오니 용서하기로 했다

한진현 시집

두엄

계묘癸卯년 정월   계묘癸卯년 정월

경북 영천에서 출생 ·················· 경북 청도에 거주

차례

010 · 무덤 속에 사는 사내
012 · 일요일의 빨랫줄
014 · 여와女瓦
016 · 금곡리 874번지
018 · 검은 눈물
020 · 굴뚝 속 고래
023 · 속으로 피운 꽃
024 · 조선낫
025 · 목수
027 · 집이 운다
028 · 내 가난한 몸 들일 초가삼간 지어볼라네
030 · 봄이라는 병病
032 · 갈매기의 검문을 받다
034 · 아버지의 절(寺)
036 · 악마의 발톱
038 · 장난
040 · 홍운탁월烘雲托月
041 · 흑백사진
042 · 거미줄에 목을 매고
044 · 북북서진하라

046 · 절뚝거리는 봄에게
048 · 까똑 새 울다
050 · 물에게 길을 묻다
052 · 변증법적 밥상
053 · 쥐꼬리톱
055 · 비요일의 나방
056 · 지문指紋
057 · 살구꽃 연애
058 · 돼지머리편육 만들기
060 · 패총
061 · 고요의 뒤편
062 · 섬망譫妄
064 · 섬은 마침표다
066 · 소리의 사원
068 · 폐농
071 · 생활 백서
072 · 흐리고 곳에 따라 슬픔이 내리겠습니다
074 · 버선끝
076 · 푸른 리트머스
078 · 분서갱유焚書坑儒

080 · 詩集을 말리다
082 · 바다 비
083 · 竹의 기도
084 · 저격당하다
086 · 낡은 우산
088 · 굴참나무 속, 그 방
090 · 꼬리명주나비
091 · 가오리연
092 · 먹칼 1
094 · 봄의 CT 영상
096 · 빈집 1
097 · 녹슨 마음
098 · 안개는 정물화다
100 · 먹통 2
102 · 그림자에게 물리다
104 · 더덕
106 · 목수의 노래
107 · 유리구슬
108 · 태풍
110 · 굿바이, 오퍼튜니티
112 · 빈집 3
114 · 세한도

나무는

나이테 한 줄을 위해

모든 것을 내려놓는다

무덤 속에 사는 사내

지퍼 문을 닫자
그의 무덤은 완성되었다
사내는 사라진 빛과 함께 유폐를 선택했다
낮이 되어야 별이 뜨는 봉분 속
유물 훑듯 천공을 발굴하는 사내
가만히 들이치는 빛 속에서
어둠이 불러주는 이름에 밑줄을 긋곤 한다
시계가 사라지고 문풍지 덧댄 창마저 사라졌다
바람의 안부가 시린 어깨 쪽으로 불어오자
휴대폰 창으로 내리는 눈
통증의 입김 그득한 무덤 속
모로 누운 심장 쪽으로 적막이 몰려들어
그를 끌고 강가로 갔다
어제 죽은 사내의 무덤은 여미어지지 못하였고
오늘 무덤 속 사내의 웅크린 몸이
달무리 속에 나타날지 모른다
시린 발목에서 자란 버드나무 가지에 이어폰 잭을 꽂고
여물기 시작하는 얼음의 행간 속에는

붉은 낙엽 몇이 떠다닐 뿐
문장으로 완성되지 못하였다

일요일의 빨랫줄

고양이 하품이 빨랫줄에 걸려 있는 4월의 햇살
무시로 터지는 나일론의 힘줄은
늙은 아버지의 괄약근처럼
몇 번이고 조여 매어야 했다
이슬 몇 방울에도 지쳐
이제는 바지랑대 없이는 한시도 버티지 못하고
오랜 빈 가슴의 쓸쓸함에는
늙은 거미의 저녁 밥상 속
날 벌레들의 몸부림만 허허롭다

할미새조차 담장을 기웃거릴 뿐
살갑게 찾지 않는 일요일
천식에 삭은 윗도리와
세월에 꺾인 색 바랜 바지가
공복의 향기 입혀 말라가는 동안
거미줄의 벌레처럼
비어가는 몸으로 거친 숨을 몰아쉬는 다저녁

뿌리치고 싶은 이 무게감과

늦서리의 차가움과 외줄의 고독감을
어쩌다 찾아오는 햇살에 기대어
털어 버리고
끊어 버리고 싶은
낡은 빨랫줄의 입을
색 바랜 빨래집게가 자꾸 틀어막고 있다

여와女瓦*

와송瓦松이 자라는 山寺 기와지붕 위로
소낙비 내리네

처마 끝 암막새에서 떨어지는 낙수는
여인의 속 깊은 눈물
잠시 같이 젖었다 돌아눕듯
빗물을 여인의 가슴으로
쏟아 버린 수막새는
비 그친 햇살 속 말갛게 나서네

가끔 솔가지나 마른 낙엽 따위가 떨어져도
수키와는
비 그친 하늘 속
바람과 꽃과 나비와 어울릴 뿐이네

여인에게서 여인에게로 내려오는
한과 슬픔과 눈물이
암키와로만 대물림하듯
처마 골로만 쏟아지네

여인에서 가진 것 없는 어미가 되어
키워낸 와송이
나한전 기왓장마다
푸르네, 푸르네

＊여와(암키와) : 지붕의 고랑이 되도록 젖혀 놓는 기와

금곡리 874번지

부서져 내린 띠살문이
문고리를 움켜 잡고 놓지 못하는 폐가
오래된 우물 한쪽으로 민들레가 지천이다
마른 바랭이들 사이로 난
짐승들의 길을 따라나서지 못한
돌확 속 고인 빗물이
대청마루 한쪽에서
깊은 한숨을 쉬고 있고
봄까치 따라 떠난 용마루 기와 몇 장과
수키와 몇 장이 사라지자
구들의 온기도 가신 지 오래

염천 하늘과 우울한 장마가
떠난 가족의 자리를 비집고 들어오고
동짓달 함박눈이 기와에 스미는 동안에도
상량 도리는
눈만 질끈 감을 뿐이다
대들보의 굵은 어깨가
이끼로 앓기 시작하자

서까래는 오래된 결핵 환자처럼
적심과 강회다짐을
울컥 울컥 쏟아내고 있다

'본 주택은 한국전력공사의 소유'라는
지방紙榜같은 팻말 너머
765킬로와트 고압선이 지나가고
무너지기 시작하는 폐가
헐거워진 문고리는
떠난 주인이 꽂아준 놋숟가락에 묶여
흐려지는 기억 속에서
푸른 녹으로
돌아오지 않을 주인을 기다리고 있다

검은 눈물

2007年 12月 9日字 신문을 본다.

그게 말이지
굴뚝새가 탱자나무 까시에 찔려 죽을 확률 말이다
다들 그런 거라고 그러는데 말이다
그게 내게는 백빠센트가 됐뿌렸단 말이다
들쥐가 벼락 맞아 뒤질 그런 확률이란 거 말이다
그런 거는 요새 컴퓨터가 다 하드만
그걸 믿나? 그런 거는 남 야기할 때나 쓰는 거여
그딴 거는 내캉 상관없을 때 쓰는 것이제
거 뭐 유조선이랑 크레인이랑 확 받아뿔고
기름 줄줄 흘릴 확률이란 거는 말이시
그라고 그 끈적한 기름이 이짝으로 올
가능성이 없다고 한 그 새끼 말이제
지가 쳐 먹을 우물에 농약병 세워놓고
바람 안불낀께 걍 놔두고 먹으라고 함해 볼란다
내 몰골 함 봐라, 콧구녕까지 기름이 꽉 차
불만 댕기면 오토바이처럼 딸딸 굴러갈 끼라
그라고 저짝 굴 양식장 아지매 봤나

그 냥반 환장했는지 기름 잔득 뒤집어쓰고
이빨만 하에 가꼬 가슴 팍팍 때려감시로
히득거리는 폼이 영판 미친년이더랑께
가만 보니 복장이 터질라 캐서
그카고 있드라 아이가

기름 뒤집어 쓴 뽈논병아리* 눈물이
까만 사진 위를 굴러간다

*뽈논병아리 : 태안 기름유출 사고 때 신문에 실린 겨울 철새

굴뚝 속 고래

이맛돌부터 차가워진 수면 아래로
일각돌고래들의 회유가 시작된다
캄캄한 냉수대의 거친 해류에
들이치는 빛은 소문보다 빨라
해수의 유실을 가져올 것이다
저체온증과 무호흡의 시간이 오기 전
묽은 황토를 재빨리 처방해야 하고
가끔 고래의 길을 막는 빙하의 굵은 뼈가
불의 기운에 허물어져 있을 때는
고래개자리나 굴뚝개자리에서 길게 숨을 쉬어야
환해지는 노을을 맞을 수 있다
다물지 못하는 입을 가진 고래의 먹이는
한겨울 폭설을 견디다 쓰러져
굵직하게 쪼개진 묵은 소나무이거나 참나무들이다
가끔 먹을 것이 부족할 때는
콩깍지나 짚을 대용할 수 있지만
등가죽에 피부병을 유발할 수 있으니
삼복에 굵은 비라도 내리면
파전 먹듯이 가끔씩 즐겨야만 한다

옅은 한파가 그을음으로 더해가는 저녁
산촌 할미는 마른 장작 몇 토막
고래의 입으로 밀어 넣고
부뚜막 조왕중발 앞에서
비벼대는 두 손은
함실아궁 보다 더 뜨겁다

속으로 피운 꽃

옹이는
바깥으로만 떠도는 목수
마누라가 죽어서 갚는
소심한 앙갚음이라더니
처지거나 부러지기 쉬운 가지들과
우듬지 까치집까지 지키려고
더 단단해질 수밖에 없는
속으로 피운 꽃이더라

조선낫

안으로
안으로
끌어안아야만 베어지는
푸른 날을 안고
휘어져 두껍던 등뼈

흙벽 무너진 집, 처마 아래
벨 수 없는 녹을 안고
늙은 호미를
물끄러미
내려다보고 있다

목수
– 못

한때 다
목수였을 아비들처럼
목수는 안다

망치로 못의 끝을 뭉개어 박고
한 결에 두 개의 못을 주지 않고 다른 결에 못을 준다
못 허리를 구부려 쓰고
못 머리를 잘라 쓴다
붉게 녹슨 못조차 자리 매겨 쓴다

끝끝내
한 살림 쾅, 쾅
못으로 지어낸다

달빛에 마음 그을리고

집이 운다

한옥 한 채 지어놓고
기둥에 기대어 앉아 있으면
집이 스스로 고쳐 앉으며 울음을 뱉는다
그것은 관절이 꺾이는 신음 같은
울음이다

집의 울음이 있기 오래전에
나무는 저 혼자 충분히 울었다
산판에서 울었고
제재소에서 울었다
그 울음을 알아주는
목수의 거친 손바닥에서 한 번 더 울었다

백골*의 집이 운다
저 울음 끝에
시린 발이 따뜻하겠다

*백골 : 한옥에서 단청이나 도색하지 않은 집

내 가난한 몸 들일 초가삼간 지어볼라네

산돌 몇 개 지고 와 주초로 놓고
한세상 고달파 나이테 촘촘한 놈 골라
튼실한 뿌리 쪽에 그랭이 떠서 기둥으로 세워두고
새들의 부리로 쪼은 화통가지에
뒤틀렸어도 우듬지에 새집 몇 개쯤 세주고 살아온
허리 굵은 대들보는 생긴 대로 치목해 앉혀놓겠네
권세니 명예는 없으니
대충 휘어진 서까래는 나이 따위는 잊고
돌려가며 쓰다 보면
초승달 놀만하거나
박 몇 개 달릴 지붕이 될 걸세
건너 산비알 황토 몇 지게에 볏짚 섞어 벽을 바르고
처마 끝 햇살이 마룻장을 덮으면
흙 묻은 손으로 다관茶罐에 차 한잔하세
내 가난하니
국화정이나 철물 문고리 대신
가죽 손잡이 달아 놓고
아궁이 가득 장작 넣어 놓을 티이니
그대 기별 없이 찾아와

다래주酒 한 동이 다 드시고 가시게
이제 빗소리 듣고 싶어 양철지붕을 덮을까
처마 낙수가 좋으면 기와를 올려도 좋으나
내 가난하니
초가지붕 얹어 두면
산새 몇 마리 찾을 터이니
두고두고
귀 호강 누려 볼라네

봄이라는 병

적도를 지나 태평양을 따라 북상하는 환장할 병이 발병했다
해마다 발병과 소멸을 되풀이하는
선사의 패총에서조차 병반은 확인되고
그 전염력은 현시대보다 더 강했을 것으로 추정되었다
한번 감염된 이는
삼한사온의 잠복기를 지나 병증이 나타나면
치유 불능의 사태에 이르게 된다는 것이다

식물들은 뿌리 부근 물관부터 감염되기 시작하여
표피를 뚫고 병징이 나타나기 시작한다
미열에 들뜬 봄까치꽃의 발병으로 시작해
걷잡을 수 없이 산과 들이 감염되어
이화 도화 온갖 초목들이 꽃피우고
같은 시기 동물들 또한 이상행동을 보이기 시작한다
이성에 대한 집착으로
혼례 색으로 바꾸고, 통제 불능의 본능 속에
죽음을 불사하는 싸움을 하기도 한다
수 세기 동안 이 전염병에 대한

연구는 이루어지지 않았고
영장류라는 인간들도
자각 없는 시간 속에서 꽃놀음 뿐
이 전염병에 대한 연구는
단지 아름답다는 미명 아래
단, 한 번도 이루어지지 않았으니

혹여, 어느 길가 뜨거운 청춘에게라도
눈길조차 주지 마시라
이 봄병에
감염된 이 저들뿐 아니니

갈매기의 검문을 받다

바다가 비워졌다, 파도는 사라지고
허기진 갯벌만 자꾸 파도 따라 걷고 있다
달이 보이지 않으므로
파도의 외도를 의심하지 않기로 한다
끝까지 완벽하지 못한 진술 탓에
비워진 파도 따라 더 기울어지던
어선들의 상처는 해초 무늬를 닮아간다

이곳 갈매기들은 고향의 건달 같아
이들을 통하면 무엇이든 쉽게 풀려 간다
갯벌조차 이들의 무대가 된 지 오래이다
이 바닷가에 사는 시인을 만난 적 있다
그의 친구 또한 갈매기들이다
소주병을 사이에 두고
새우 안주를 나누는 사이
시 벗이 되었다 했다

밀려오는 파도의 길 위에서
갈매기는 눈빛으로 유람을 검문하고 있다

마음의 기울기를 훑어보고
동행자의 알콜 농도를 측정하고
마지막으로 검색대를 통과하는 포장지 속
새우들의 유통기한을 확인하자
기적汽笛 소리도 없이 밀려가는 유람선 앞에
달뜬 유람의 시계視界가 흐리므로
오늘은 비행 하지 않기로 한다

아버지의 절(寺)

비 그친 과수원
웅크린 농막집을 나서는 아버지
기울어진 걸음에 낡은 장화가 투덜거리고
미명에 묶인 개밥통을 때리는 도량석道場釋은
오랜 습관이다

낡은 윗도리에는
지난밤 배인 담배 내음이 허물로 기어 나오고
마른기침 끝에 내뱉은 가래에는 해묵은 병들의 이력이
튕겨 나온다
두 해 전
허리 굽은 아내가 마지막으로 사놓은
풍각장 오천 원짜리 셔츠
땀에 절어 흙투성이가 되어도
두어 번 헹구어 빨랫줄에 던져 바지랑대 곧추세워두고
휘어진 소나무 같은 몸으로
요사채로 향하는 걸음마다
묵은 발원을 새긴다

틀니 끼워 공양게 암송하듯 겨우 끝낸 점심
면벽인 듯 웅크린 오침이 지나고
자투리 햇살만으로도 살이 오른 풋사과 하나 솎아 내려고
탑돌이 하듯 나무를 몇 번이고 맴돌다
지친 하루가 저물고 개밥통 타종이 이어진다

법고 치듯 가는귀 저문 텔레비전 앞
향으로 피어오르는 담배 연기 속
저 노승의 수행 법문은
늘 잠자는듯한 해탈이다

악마의 발톱*

악마에게 손목을 저당 잡히는 저녁

그저 한 몸 먹여 살리느라
숟가락만 들던 손목이
끌과 망치를 잡는 절집으로 내몰려
벌침으로도
땀 내음 섞인 파스로도 견디지 못하고
악마에게 손목을 내어 놓은 저녁

칼라하리 사막 맨땅을 뛰어오르는
원주민의 의식 속으로
침잠하는 저녁마다
자지러지는 손목에게
잔술로는 어림없는 소주를 건넨다
기울어진 병 속에서
악마에게 내어준 사체의 냄새가 나자
어둠 속 하이에나가 몰려들어
손목을 물고 어깨를 끌고 갈수록
의식은 더 또렷해지고

굳은살 박인 손이 다른 손목을 부여잡고
사막의 별을 세며
밤을 건너는 동안
혈관 속으로 악마의 기운이 흐른다

마침내, 악마의 종이 되어
제단에 올려진 묽은 밤을 겨우 건넌다

*악마의 발톱 : 근육통 연고 이름

장난

앞발을 내밀고 허리를 쭈욱 밀어보는 고양이처럼
버드나무 그림자는 익숙하게 땅에 눕는다
어둠이 산을 넘어오자 大地 씨는
억수비 쏟아지던 날 세운 계획을
실행하기로 마음먹었다
내리는 눈들은 가로등을 홀리고 있고
강물 속 짐승들은 깊은 곳으로 내려가
배에다 코를 박고 잠자는
오늘이 기회다

헐렁한 몸뻬 같은 양파밭을
볼록볼록 정분난 여자 아랫배처럼 만들어 놓고
지켜보던 바람에게 손가락으로 입막음을 한다
쉬-잇,
지난여름
大地 씨의 장난을 눈치채고
매미가 찢어지게 짖던 날에는
한낮의 갈증을 겨우 돌리고 있던
감자에게 은근슬쩍 다가가

커다란 혹을 덕지덕지 붙여 놓고
밤마다 모래밭에 오줌을 싸대던
땅콩은 죄다 허리를 묶었더니만

-허허 그것참 신통타…… 어째 이런 일이

온 밭의 감자와 땅콩을 다 뽑을 때까지 입방아를 찧던
그 어수룩한 김 씨를 생각하면
아직도 히죽히죽 웃음이 절로 난다

불콰한 얼굴로 읍내 장터에서 돌아오던 김 씨가
아랫도리를 내리며 돌아보는 바람에 들킬 뻔도 했지만
싸락눈 다 녹기 전 김 씨네
골짜기 마늘밭을, 모조리
여섯 쪽으로 쪼개버려야지
그리하여,
버드나무 까치 집들이 날
온몸이 나른하도록 웃어보리라

홍운탁월烘雲托月

일몰을 그립니다
나를 가둔 어둠을 선으로 그립니다
더 이상 숨은 그림은 찾지 않아도 되지요
여백으로 남은 하늘에는
가창오리 몇 마리 그려 넣습니다
세밀화는 그리지 않아요
형상은 잊어버리기로 했거든요
경계만으로 풍경이 되는
능선까지 수묵으로 그립니다
하지만, 물결 지는 저수지 속
먹감나무 가지 끝 휘청거리는 저 달은
흩어지려는 구름을 잡아 세워서라도
꼭 그려주고 싶네요

흑백사진

낡은 책에서는 부엽腐葉의 내음이 나고
묵은 시간의 창틀 너머 흑백사진 한 장 쏟아진다

어둠이 하루를 접어 추억으로 저장하는 저녁마다
오래된 앨범 속의 오늘은 흑백으로 저장되어
가라앉지 않으려는 순간을 부여잡고 있다
오래된 시간에는 무게가 있어
봉돌을 부여잡고 오래 가라앉아 있다가
불쑥, 수면으로 오르는 야광찌가 일으키는
여린 파장에도 온 수면이 요동치는 것이다
아름다웠거나, 아름답지 않았거나

조리개 닫은 달빛에 맞춰
소쩍새가 셔터 소리로 우는 순간
어둠 쪽으로 더 몸을 돌리는 툇마루 한쪽
모깃불 등지고 앉은 할매는
빠진 이 손으로 겨우 가리고
환한 흑백으로 웃고 있다

거미줄에 목을 매고

나는 축담에 쓰러져 있고
추녀 끝 거미줄 너머의 내일은 깜깜하다

허무한 오기에 깨금발로 서서 버티는 것도 힘이 든다
한 칸 낮은 곳에 발을 내려놓는다고
별 탈이야 있겠냐마는
아니다 아니다 하고
버티고 버티다가
끊어질 거라는 믿음조차 아슬아슬하여
이러지도 저러지도 못하는
생은 늘 이편도 저편도 아닌 것을

거미줄에 베인 허공
고드름에 잠시 반짝이는
노을의 목덜미가 서늘하다

북북서진하라

골목 한쪽
가로등이 북극성으로 흐리게 깜박일 때
낡은 지붕 위로 젖은 꿈들의 씨앗들이 흩날린다
더러는 크레바스에
또 더러는 북극곰의 눈썹 위로
나리고 또 나릴 때
어디쯤 북극곰의 부은 발목에 이끼로 자라는 슬픔이
흔들리는 유빙의 꼭지처럼 시리다

바람이 분다

북서풍일 것이다
그러나 더 북쪽을 겨냥하라는 오로라처럼
그리움의 뿌리는 늘 북벽을 기대고 있다
속울음들이 작은 창 흔들 때마다
썰매 개의 더운 입김은 콧잔등에서 얼고
서러운 울음이 깊은 계곡을 가득 메울 때
기울어진 지축이 바로 서고
직녀성(Vega)이 북극성으로 깜박이면

계절은 사라지고
별빛 속 고단한 생의 그림자도 지워지겠지

절뚝거리는 봄에게

너 온다는 소식에
며칠 전부터 봄까치꽃이 몸서리치더니
광대나물이 붉은 얼굴로 이르기를
네가 오다가
시오리 떨어진 주막에 행장 던져놓고
봉놋방 문고리만 열었다 닫았다 하니
주모가 내쫓듯 내어 놓은 탁배기에 취해
도포로 마당 쓸 듯 비틀비틀 나섰다가
살얼음 낀 징검다리에서
짚신 한 짝 잃어버려 오던 길 되짚어갔다 하니

세우細雨에 이화 똑똑 떨어지는 날
농막에 걸터앉아
사발에 뱅뱅 도는 꽃잎 후후 불어
콩닥거리는 가슴 아리도록 마시리라 작정하고
짚불 그을린 항아리 옆에
누룩까지 매달아 놓았더니

어쩌자고,

오던 길 되짚어갔는고
너야 며칠 늦거나 말거나
애끓는 맘 어이 달래볼까나

까똑 새 울다

거울만 가득한 단톡방
원탁 위에 던져진 좁쌀 몇 알은
깨진 병조각 박힌 담장 너머 찢겨진 사체로 옮겨지고
남은 뼛조각조차 주름얼굴독수리 떼의
날개 따라 핏빛 하늘로 날아다닌다

우풍에 시린 등 돌려 누우면
휴대폰 창 속에 눈발이 날리고
자작나무 숲속 나타샤의 창에서
까똑까똑 울더니

태백산 상고대에서
지구 반대편 열대우림의 광산댐에서
고속철 차창 안 시집 속에서
마트 아가씨 엉덩이에서
하늘 감옥이라는 고공 농성장의 식은 도시락 옆에서
장례식장 상주들 눈물 속에서
까똑까똑 울며 날아든 새

손끝 굴려 울대 누르면
우루루 몸떨기의 필살기를 발휘하고
가끔, 벨이나 앵무새 소리로 위장하는
액정 속의 보이지 않는 새 한 마리

상전벽해桑田碧海의, 계륵이여

물에게 길을 묻다

물의 길이 궁금하여 우물을 들여다본다
갇힌 물은 어디든
딱 저만큼의 높이로 물길이 있을 거란 것은
목수의 경험으로 안다
동안거 면벽만큼의 저 고요에
지는 꽃잎 하나 내려앉아도
누군가의 돌팔매에도
잠시 흔들릴 뿐
더 가지려 하지 않는 수평

딱, 그만큼이 신뢰다
이 지구적 높낮이는 수평으로 시작된다
얕은 등고선에 핀 꽃이
이기심의 삼투압으로 수평을 의심하지만
병 속의 물처럼 깨어지면 쏟아질 터
나비 한 마리 꽃을 깨고
물을 덜어가도
나비 또한 꽃잎처럼 추락할 터
깨어지고 깨어져

마침내 스스로 깨면서까지
지독한 높낮이의 맞춤 앞에
흐린 눈으로 새기는 주초柱礎의 물 수평

이제 배흘림기둥들은 주어진 높이만큼의
몸을 덜어내어야
천년의 기둥으로 서리라

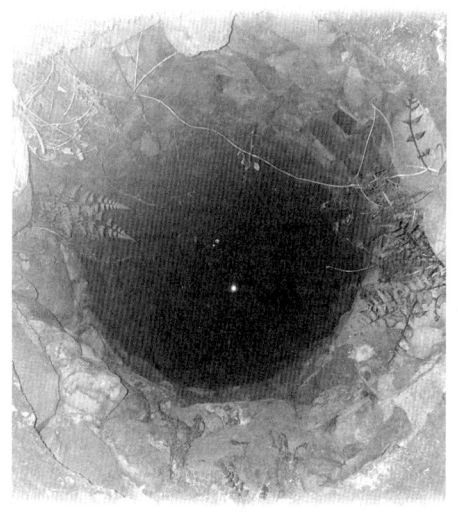

변증법적 밥상

가뭄 심한 섣달
거둘 것 다 걷은 듯한 들판에
푸른 것들이 아른거린다
농부만이 아는 땅의 기운 속에서
한 소쿠리 풋것 얻어
저녁 밥상을 차려본다

해묵어 큼큼한 된장 몇 숟가락 풀어놓고
방금 캔 냉이 한주먹 넣어 끓이다가
제맛이 돌지 않으면
또다시 묵은 간장 넣고
갓 빻은 마늘 넣어 한소끔 끓여주면
시큼 달달한 된장국 되리

아비는 늙었어도 서리 같고
중년의 자식은 무청 같아도
마주 앉은 저녁 밥상에
옅은 미소로 번지는 냉이된장국 한 사발
가족 사진 속 환한 어머니 웃음

쥐꼬리톱

낡은 소나무 연장통을 열자
햇살이 죽은 먼지들을 일으키고
앙다문 쥐 한 마리 작은 이빨을 드러내며
갸르릉거리기 시작한다
부레 없는 생선처럼 바닥에 가라앉아
측선은 시간의 무게에 녹이 슬었어도
두어 개 뭉개진 자잘한 이빨만은 날카롭게 살아
아직도 쓸모 있는 몸이란 걸
증명하고 있다

사진 – 박종천

비요일의 나방

젖은 톱밥 속에서
비설거지 마친 나방 한 마리
컨테이너 숙소 벽에 걸려 있다
신문지 술상 위에는
이국의 유람선이 종이컵 속에서 침몰하고
멸치 몇 마리 젖은 신문 위에서
몸을 굴리고 있는 동안
벽을 타고 흘러내리는 근육통은
낡은 못에 기대어 겨우 버티고
오래된 우화의 꿈은 TV 볼륨만큼 쉽게 소거된다

축 처진 목수의 젖은 남방
소금기 머금은 날개가
선풍기 바람에 말라가는 사이
찢겨진 날개의 비늘 가루는
꿈을 잊듯 쉽게 퇴색되어 가고
간헐적인 번개 속 누런 이가 더 하얗게 빛나는
비요일의 취기 속에서
오래된 서사敍事는
땀내음보다 짙게 깔려 있다

지문指紋

두 개의 달이 뜨고
수시로 월식이 일어나는 곳을 향하는
별들의 길을 손가락마다 새기고
한 번도 궤도를 이탈한 적 없는 사람들은
이 땅 여행이 끝나는 날
열 개의 은하 중 한 곳으로 길을 나서겠지

가끔 막노동자의 손끝이나
콩밭 매는 할미의 손마디 지워진 좌표는
붉은 인주나 지문 인식기 속에서
끊어진 공전의 길을 찾아 헤매인다

마른 손끝이나 젖은 물집 속에서
참살로 다시 푸르게 돋는 햇살
그 환한 빛 속으로
접시꽃 한 송이 피워지고
신새벽 안개 속에서
그믐 없는 달이 뜨겠지

살구꽃 연애

살금살금 다가가
뒤에서 그녀를 꽉 껴안으면
머릿결에는 살구향이 피어오르고
살구 같은 가슴이 뭉클 손에 닿을지도 몰라

봉긋한 가슴속에 향기 가두어 두고
물안개 자욱한 날,
푸른 대밭 지나 너럭바위에 단둘이 앉아
살짝 가슴을 열어
내 입에 잘 익은 살구를 물려줄지도 몰라

살구꽃만 보면
살구꽃만 보면
뒤에서 안고 싶고
너무 꽉 껴안아 터져버릴까 싶은
살구 속 그녀의 단단한 아픔은 보지 못하고
보드랍고 달달한 그녀 가슴만 생각나
사타구니 뻐근해질지도
몰라

돼지머리편육 만들기

머리가 몸통을 버린 것인가
몸이 머리를 버린 것인가
그래, 최후에 남은 것이 나머지를 버린 것으로 하자
그래서 흰 웃음 안고 있는지도 모르지
귀 끝에서 턱밑까지 말끔히 면도하고
실눈으로 웃고 있는 한 생을
사각의 표본으로 정형화하기란
무척 난해하지

우선 자의식의 핏물을 빼주고
어울리지 않게 큰 귀는 잘라
한소끔 끓여 기를 죽이고
까칠한 혓바닥 또한 한 꺼풀 벗겨낸 후
한솥에 넣어 장작불로 획일화 작업을 시작하는 거지
그러면 이념도 사상도 뭉그러지고
어금니 꽉 물던 상악 하악들도 쉬이 들려나가겠지

적당히 노근노근해진 머리에
마취제로 미량의 소금을 뿌려 원하는 틀에 넣는 거야

그런 다음 묵직한 이데올로기로 눌러 놓으면
남아있던 의지마저 빠져나갈 거야

이제 적당한 살코기 어우러진
한 입 거리의 순한 머리가 된 거지

곤죽이 되어서도
버리지 못하는 저 우직의 미소는
혀로 코를 막고 귀로 눈을 가린
신문지 속 편육이 된 거지

가난한 소주잔에 떨어지는 눈물, 더불어
한 쌈 하시지요

패총
- 꽁초

장례식장 한쪽 구석의 흡연실
부고를 받은 이방인 닮은 가마우지들 모여
입 밖으로 뱉어내는 도넛 연기는
망자의 삶처럼 찰나에 흩어진다

호상好喪이라는 한마디에
빈 가슴, 빈 날개로 돌고 돌아온
니코틴 가득한 바다에서
눈물 젖었거나 울음 섞인
빈 껍질로 모여드는 격리의 땅
이곳은 낯선 사구

내뿜은 연기로 그리는 암각화 속에서
사냥한 순록과 밍크고래의 뼈들은
소주잔 속 격랑의 파도로 새겨지고
스마트폰 신호 따라
모였다 흩어지기를 반복하는 동안
눈발은 더 굵어지고
거리의 네온과 교회의 첨탑은
붉어 더 시리다

고요의 뒷편

젖은 꿈이 걸어오는 길을 따라
폐선 옆으로 걸음을 옮기는 보름달
흐린 가로등 아래 깨진 거울 속으로
낡은 시어들이 흩어진다
금이 간 언어들은 다시 소주병 속에서
달빛 비명을 흘리고
몽돌들의 신음과 눈물이
반쯤 닫힌 귀속 포말로 읽히는 동안
시어들은 더 깊은 고요 쪽으로 걷고 있다

일구었던 꽃밭으로 바닷물이 넘쳐들었다
꽃들마다 비린 내음과
절망의 씨앗들을 품고 시들어 버렸다

바닷가 절벽에 걸린 꺾인 꿈과
가라앉은 몽돌의 둥근 가슴만이
먼 바다의 불빛 속에서
벼랑 위 해송을
실루엣으로 품었다

섬망譫妄

더디게 가는 기차 앞에
늙은 아버지 레일 위를 걷고 있다
이쪽과 저쪽의 경계 사이로
기차는 사납게 달려들고
숨소리 낮은 가슴 쪽 침목의 떨림은
비명이 되어 밤을 건너고 있다
직진의 본성을 이루려는
기차는 더욱 사나워져
멈추어야 하는 붉은 신호등에
더 붉은 피를 뿌리며 달려간다

웅크린 아버지 등 위로
병실의 신음들이 싸락눈으로 쌓여가는 동안에도
기차는 속도를 줄이지 못하고
곡선 구간을 아슬하게 지나고 있다
객실 방송은 주파수를 잃어버리고
차단기를 내리지 못하는 사이
승객 몇이 튕겨 나갔다

눈 내린 고향의 낡은 교량을 지나
긴 무통의 터널을 겨우 빠져나와서야
느린 심장 박동으로
객차 가득 능금꽃 환하게
덜커덩 덜커덩 이동 중이다

섬은 마침표다

행간 사이로 늙은 부부의 떼배가
외딴섬 귀퉁이에 닿았다 밀리고
또다시 닿는 순간
한 움큼 뜯어내는 미역귀 같은 손으로 한생을 건너고 있다
섬의 노을이 바다 위로 붉게 물들거나
여명으로 떠오르는 태양 따위는
그냥 형용사 정도로 치부하고
이 섬에 사는 모든 이들은
행간에 그물을 드리우고 물질을 하고
아이를 길렀으나
그 속에서 자란 아이들에게
바다는 더 이상 아무것도 아니었다

다만
한 문장 너머 한 문장
그 속으로 일생이 행간으로 흐르다
열대성 폭풍에 뒤집힌 문장과
심해 협곡이 더 이상 읽혀지지 않으면

오두막집에 촛불 하나 켜놓고
텃밭까지 올라
바가지 같은 봉분 속에 들어
섬 속에 섬을 지어 마침표 찍는다지

소리의 사원

1.
이곳을 찾는 모든 이는
플라타너스에 매달린 암매미처럼 어떤 소리도
몸밖으로 뱉어내지 못한다
그의 손을 따라 돌아가는 재봉틀에 얹힌
볼 넓은 구두는 오체투지의 티벳 순례자가 되어
신음 소리조차 사라진다
사라진 소리는 그의 시선이 되어 벽을 타고
구두 수선 3000원, 열쇠 복사 5000원으로
삐뚤하게 쓰여진 그의 소리가 되는 것이다
시장에서 악다구니 쓰며
육두문자를 한 바가지 끓여 올리던 여자도
새마을 금고의 아가씨도
입 걸다는 식육점 정 씨까지
소리를 잃어버린다
소리를 잃어버린 모든 이들이
순한 눈을 되찾는, 이곳은 용연사
적멸보궁보다 깊다

2.
손님용 의자와 나란히
최신 모델의 오토바이가 놓여있다
말의 잔등 같은 안장을 쓰다듬자
그의 얼굴에 반짝 빛이 든다
낡은 치아 사이로 바람이 지나가는
순간, 광대뼈가 툭 불거진다
말 울음소리를 기억하지 못하는 그로서는
어찌할까 싶었더니
말 잔등의 여린 울림만으로도
치우천왕의 기병으로
바람 소리조차 없이 대륙의 산을 넘거나
사막을 달리는 것이다

폐농

몇 년째 손길 가지 않은 사과나무는
늙은 집과 더불어 고사목으로 변하고
잡초 덤불 속 산짐승들 발자국만 가득하다

땅도 개인회생이 이루어지나 보다
한번도 일탈을 꿈꿔본 적 없이
걸어온 날들이
문득 낯설다는 두려움이다

지적도 속의 안위는 버려야 할 때가 된 것이다
보이지 않는 손에 끌려다닌
봄, 여름, 가을 그리고 겨울, 또 겨울
무의미의 의미가 일상이 되어
토지대장 속 과수원은
거울을 보듯 반복의 날들이었다

습관으로 찾아오는 직박구리들과
잡초라 불리던 민들레나 개쑥갓들이
연체 통지서로 쌓여가는 동안

박주가리 속은 하얗게 변하였다

구름의 멋적은 표정 속
포크레인의 일처리는 발치처럼 개운하고
버려진 집과 우물은 어떤 표정을 지어야 할까

생활백서

-선풍기 난로
고개를 빳빳이 세우고
벌겋게 달아오른 얼굴로
고개를 저어대는 녀석

-그리움
진동모드의 휴대전화를
베개 밑에 넣어두고
잠드는 것

-오리배
긴 목에 매어진 목줄 때문에 잡은 것을
삼키지 못하고 지폐로 토해내는
유원지의 가마우지

-저온화상
미지근한 사랑에도
오래 기대어 있으면
상처가 생긴다

흐리고 곳에 따라 슬픔이 내리겠습니다

추분인 오늘은 맑고 쾌청한
하늘이 온종일 이어지겠습니다
하지만 예고된 이별 앞에 기온은 뚝 떨어져
낮은 수은주를 나타내겠고
멀지 않은 기억 속
북태평양 고기압의 영향으로
뜨겁던 마음에도
서리가 내리고 추억에서부터
얼음이 얼기 시작하겠습니다

강둑의 박주가리꽃이
아침저녁으로 마음을 열고 닫는
시간이 지나고
해바라기조차
기다림이 절망으로 고개를 숙일 때
멀어지는 그대로부터 시작된 황사는
흐린 날의 그림자처럼
점점 어두워지고
기억을 잡으려는 거미줄에

서리가 내리는 날이 오겠습니다

예상보다 일찍 시작된 헤어짐 앞에
그 공원의 까페나 올레길을 혼자 걸을 때는
흐리고 곳에 따라 슬픔이 내리겠습니다

버선끌

전장에서 돌아온 전사의 칼이다

먹즉도, 일도일각墨卽刀, 一刀一角이라

끌 집 속 가지런한 버선끌

오랜 은둔의 시간 속에 얻은
겉옷의 녹을 버리고
불과 망치로 단련된 몸이라
숫돌질 몇 번에
대장장이의 눈빛만큼 날카로워지는 서슬
들끓는 불꽃 속에서는 알지 못하던
내면을 꺼내는
담금질을 견딘 힘이다

끌 집을 빠져나온 순간
청룡언월도로 푸른빛 뿌리며
치목장 낙양* 속 구름 사이로
대웅보전을 에워싸는
홍련을 피운다

*낙양 : 기둥 위쪽과 뜬창방의 아랫도리에 붙인 파련각의 장식물

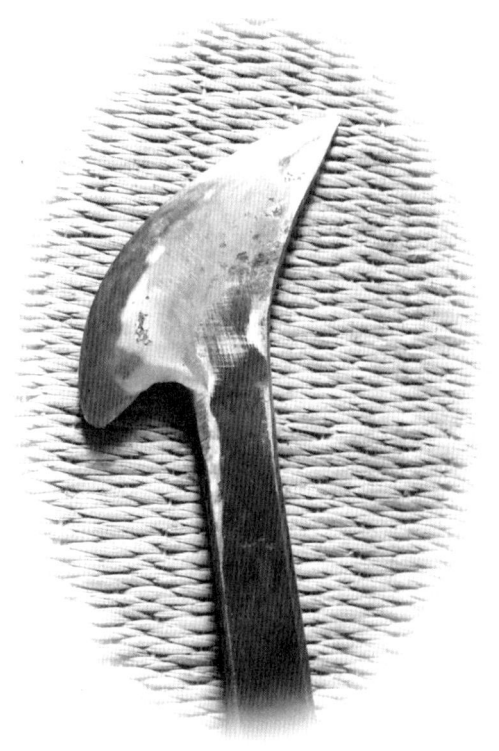

푸른 리트머스

의자를 끌고 바다로 갑니다
폐선 옆에 닻처럼 의자를 묶어두고
기약 없는 항해는 그리움에 기대어 둡니다
달빛 윤슬에 자꾸 눈물 나는 날
당신을 의자에 앉혀두고
푸른 피를 뽑을 겁니다

책갈피에 넣어둔 잎이 아직도 푸른지
민들레의 체액은 변하지 않았는지
도무지 알 수 없는 이곳의 바람 방향까지
푸른 핏속에 시약 몇 방울로 물어봅니다

비린 바닷가 상점 앞
쓰러진 소주병 앞에 또 내가 쓰러지고
바람에 떨어져 나간 모텔 네온은
자꾸 오타로 읽혀
파도의 포말 속에서 응고된
기억이 가라앉고 있네요

당신의 푸른 핏속에 내 붉은 피 쏟아 봅니다

투구게*의 피처럼
오염되지 않은 사랑만이
마음의 문을 열고 스미겠지만
당신의 체액이 서서히 굳어
빗장처럼 닫혀 버린다면
이제,
그늘 없는 바다에 내 붉은 피 심겠습니다

*투구게 : 살아있는 화석. 푸른색의 피는 세균의 침입이 확인
 되면 즉시 굳는 성질을 이용. 의료용으로 활용.

분서갱유焚書坑儒

명하노니
목련家의 모든 붓과 불온한 서책은
다 태우라

바야흐로
북풍과 한설이 물러가고
태평성대가 도래하였으니
모든 백성은 꽃피우고
열매 맺을 준비를 하라
벌과 나비에게 사신을 보내고
계곡의 홀아비바람꽃조차 이 소식을 듣게 하라

이제 이데올로기가 불필요한 세상이라
詩와 書는
우매한 마음만 흔들 뿐이라
이 고을 대저택 목련家의
모든 서적은 불태워
다시는
시와 철학이 없게 하라

그리하여
모든 시인은 절필하고
왕벚꽃 환한 봄밤의 화전놀이에
만족해할 줄 아는
필부로 살기를
명하노라

詩集을 말리다

짚불 속 같은 염천炎天에 묵은 고추를 다시 말리듯
푸른 시절의 책들 속에
얇은 詩集 한 권이 떠다닙니다
불면의 밤에 길을 내고 떠났던
꾸덕꾸덕 말라가는 옛 생각들도
젖은 걸음으로 돌아옵니다

한때 잘 마른 드라이플라워 같은 추억이
다시, 한번 더 퇴색되거나 좀이 먹어
추억 몇 페이지 잃어버릴까 봐
혹여 내게 남았을 아린 가슴의
습기를 덜어내는 것입니다

코스모스 같은 글씨가, 이니셜이
아직도 젖은 채 서성이는 낮달처럼
하늘 한쪽이 붉어지는 저녁이 오기 전
그리운 대로 가지런히 덮어둡니다

당신의 『민들레의 영토』*에서

더 이상 젖을 일 없이 핏기 없이 말라서도
바스러지지 않는 나는
아직도 덜 마른 꽃인가요

✽이해인 시집

바다 비

바람이 이는 쪽과 바람이 돌아갈 길은 같다
손가락 끝에서 시작된 사람처럼
주먹 쥔 손가락들 사이 어두운 길로 다시 돌아온다
그리움도 그러하리라
너에게로 부는 바람이었는데
다시 내게로 불어온다
반환점 없이 불어오는 바람이
더 거세다
부딪치지 못한 바람만큼 허무한 게 무얼까
메아리 같은 바램이라면
비 내리는 바다처럼 그저 잠시 흐릴 뿐
울음마저 지워진 등대의 눈빛으로
시퍼렇게 멍드는 비바다의
울음 삼킨 눈물 속에
발목 잡힌 그림자는
또, 젖어 가네

竹의 기도

누가 키워주지 않아도 핀다

죽창의 씨앗으로 자란다
꽉 쥔 주먹으로 빗속을 달려 핀다
무른 노여움이 설움으로 달궈지고
시간의 마디마디 울음을 담듯
낫으로 빗겨 친 날끝에
만장이 걸리고
횃불이 돋아나는
황토현의 아우성으로 핀다

흐린 날 확 걷어 푸른 날
눈물 나는 이 없게
서러움과 억압의 세월이 오지 않기를
다시는 죽창으로 살아가지 않게 되기를
땅속 굵은 마디마디
새기며 핀다

저격당하다

감 떨어지는 소리가 났다 망원렌즈 속에서 직박구리의 가슴 털이 휘청이며 파열한다

저격수, 명왕성 너머에서 납작 엎드려 담뱃불을 붙인다. 오리온자리가 유난히 반짝이는 날일 것이다. 뿜어내는 담배연기 속으로 은하수가 출렁인다. 천천히 개머리판에 뺨을 붙이고 충혈된 눈동자는 망원렌즈 속으로 사라진다. 안드로메다 성좌의 거미줄 이슬을 모아 만들었다는 렌즈, 시간과 공간의 좌표 속에 나타난 목표물. 호흡을 멈춘다. 당겨지는 방아쇠 끝에 자지러지는 통곡소리 경대병원 응급실 중년의 심장을 관통한 저격의 탄두는 잠시 뒤 서해대교 위에서 무더기로 발견되었다

은하수 건너편에서 초저녁 박쥐 울음으로 위장했던 저격수 어느 사이 탱자나무 울타리 사이로 차가운 총열을 밀어내자 대륙 건너 탄자니아 흑요석 같은 젊은 아낙이 풀썩 쓰러지고 안고 있던 아이의 부풀린 배는 푸른 실핏줄을 토해내며 풍선처럼 바람에 자지러진다

산비둘기 한 마리 날아든다. 망원렌즈 속으로
아득한 거리이거나 아찔한 코끝 꽃망울 속에서
불쑥 나타날 자수정 렌즈 속
흐린 그림자가 그려진다. 나를 닮은

낡은 우산

사라지는 게 많은 시절이라
가령, 우체통이라든지
아니면 연애편지처럼
설렘도 기다림도 퇴색해 버리는 시절이라
어쩌면 우산도 유물로 기록되는 날이 오겠지

그런 날은
오래된 편지 같은 너를 쓰는 거야
편지를 쓰나 너를 쓰나
쓰기는 한 가지지만
젖은 눈물, 편지 속에서
다시 오래된 너를 찾는 거지

더 이상 쓸 말이 없거나
더 이상 비가 오지 않는 날들이 많아지면
볼펜으로 눌러 쓴 글들이 퇴색되듯이
너도 창백한 얼굴로 쓸 일 없이 그냥 늙는 거지

그러다가, 혹여 비가 오거나 눈이라도 내릴 때

쓸 게 없다는 시인에게
불쑥 너를 내밀어 보는 거지
쓰든지 쓰고 가든지

굴참나무 속, 그 방

베어져 길게 누운 나무인 줄 알았다
꺼칠한 등가죽과 패인 어깨
언제 지독한 갈증과 한파가
저 계곡을 쓸고 갔는지
전신에 새겨진 둥근 나이테가 말하고 있다
그러나 제대로 그를 아는 것은
세로로 쪼개져 길게 누운 모습
나이테는 이제 더 이상 둥글지 않다

죽간竹簡처럼 드리워진 결마다
한때 빛나는 온몸의
뼈마디를 압축하여
한 줄씩 새겨놓은 이력
죽간 뒷면에는 캄브리아기를 거쳐 온
차마 새기지 못한 화인이 더 많다

아비라는 천형으로 평생을 지고 와
부려놓은 저 구릉 어디에
누군가 모질게 눌러 붙어

굴을 파고 살다 떠나버린 자리
서(舌) 잃은 향피리 같은 뼛속의 흔적
돌아누운 아버지 등짝 어디쯤
갉아먹고 배설해 놓은 잠실 속에
아직 날아가지 못한
나방 한 마리 살고 있다

쓰러진 굴참나무 한 그루
풍장을 기다리고 있다

꼬리명주나비

꼬리명주나비는 一生 쥐방울덩굴을 떠나지 못하네요

꺾인 꽃에 나비가 오지 않는 것은
시간의 씨줄과 날줄이 어긋났기 때문입니다
그러나, 꽃이 아니어도 온 生이 여기뿐이기에
상처 난 그대에게 안깁니다

상처의 고통보다 슬픔보다 두려운 건
연緣의 사슬이 어긋나는 것이겠지요

달동네 같은 이곳에서
한 발짝도 바깥으로 내딛지 못하고
박주가리꽃 거들떠보지 않고
자귀나무 그늘조차 무심한 듯 지나
一生을 묶어 당신에게 귀의歸依합니다

가오리연

얼레에 묶였어도
바람 한번 등진 적 없이
바람의 파도 속을 파닥이는 가오리연

삭풍에 울고 있는 풍경風磬은 모르리라
심장을 관통하는 바람의 비린 맛과
얼레를 당길 때마다 조여오는 가슴 속 통증과
미루나무 우듬지에 걸린 방패연의 장례식과
산등성 너머 서낭당의 이야기와
구름의 해초가 읽어주는 종이새들의 전설들을

저물녘이 다 되어서야
가시 돋은 마음 한자락 바람에 부려놓고
별 없는 저 하늘로 돌아섭니다

이제는 가막히 올라
연줄을 끊어야겠습니다
인연을 끊고
추억을 끊고
사람조차 놓아주어야겠습니다

먹칼 1

마른 먹물 머금고 연장 통 바닥에 가라앉은

먹칼을 간다

검광 번뜩이는 칼보다

더 많은 피로 물들었던 붓 한 자루

검은 물이 숫돌 위로 번진다

한 번도, 누구도 본 적 없는

그림자만으로 베어내는 무림의 고수처럼

혹은, 어명이요! 라는 소리 앞에

명줄을 내어 놓은 금강송처럼

살생부에 그어진 한 줄의 검은 핏물

짜여 질 극락보전 앞에서 용납되지 않는

죽고 사는 간극만큼 날카로워지기 위해

먼저 제 몸을 갈아 날을 세운다

검은 피가 흥건하다

봄의 CT 영상
- 춘래불사춘春來不似春

늑골의 통증은 계곡의 골바람으로 시작되었다
밝혀지지 않은 편두통으로
불면의 밤이 이어지고
방 한쪽으로 쌓여가는 소주병들의
마른 기침은 천식에 가깝다

동절기 말기로 진단되었고
북쪽 하늘에는 칠성판 자리만 환하다

1만 2000년 후에는 거문고자리의 직녀성(Vega)이 북극성이 될 것이다*

그때까지 살 수 있을까

매화 소식을 귀동냥으로 듣는다
문풍지 덧대어 놓은 문틀 너머
냉골로 식어 버린 바닥에는
민들레 씨앗 몇이 뒹굴 뿐이다

아지랑이라는 병인지 모른다

가물거리는 시선 끝에
봄까치꽃 몇이 산란을 하자
들 한쪽 하늘에
애반디 닮은 별들이 그득하다

*네이버 지식에서

빈집 1

지난한 세월의 그림자만 남기고
生이
날아가 버린
한때의 내 몸

녹슨 마음

이 계절은
아무도 외로움을 입 밖에 내지 않는다
계절의 중간에 매어진 꽃들 속에서
반쯤 풀린 마음 한 가닥 자라고
서툰 마음으로
훅, 들어서 버린
너의 가슴 한쪽에서
지축보다 더 휘어져 버린
나는, 한 계절에 한 바퀴씩
왼 나사로 돌아간다

다시 가을과 겨울의 중간쯤
더는 부여잡을 무엇도 남아 있지 않다면
왼쪽으로만 돌아가는 고개 따라
반시계 방향으로 돌고 돌다가
마음의 그을음 같던 녹은
그대 가슴에 낡은 상처로 조금은 남겨두고
나는,
빈집 그늘을 다 빠져나온 나사못처럼
낡은 몸을 뉘겠다

안개는 정물화다

구름의 밑장을 빼어 길에 뿌리면 안갯길이 된다
과수원 포장길에 이어진
포커페이스의 비포장 둑방길

덜 마른 웅덩이마다 지워진 수평선
박주가리 기어오르는 버드나무 등걸
고양이 사체의 시큼한 얼룩
젖은 걸음의 끈 끊어진 운동화 한짝
모래에 반쯤 취한 맥주병, 농약병
물이끼에 으르렁거리는 개의 두개골

월견화 한 무리 줄지어 가고
이국의 언어는 직박구리떼로 농공단지 팻말 속으로 사라졌다
흰 개 한 마리 안개 속에서
젖은 숨 한 움큼 물고 돌아와
발등에 놓고 핥는 동안
아침저녁으로 차려지는 묽은 미음 같은 안개

한 끼의 노동을
풍경으로 버텨야 하는
왜가리 다리 사이로
강은 저만의 외로움으로 또다시 깊어진다

먹통 2

손때가 묻을수록
고집 같은 나이테에 윤기를 더하는
손재주 많은 김 씨의
느티나무 용 먹통

목수의 검은 칼이다

채울수록 짙어지는 어둠으로
속으로부터 환해지며
뒤틀린 나무를 때린다
파리 목 정도는 가볍게 잘라버리는
먹줄의 서릿발은
팽팽할수록 굽혀지지 않는
오기 같은 자존심이다
먹줄 세 번 맞고
어명이라는 소리에 잘리어져
어느 집 동량이 된 굵은 금강송은
추녀 쪽으로 자꾸 기울어지는데

바람은 자꾸 북쪽으로
기울어 간다

그림자에게 물리다

 빛의 뿌리를 가만히 들추면
 거기 웅크린 채 숨죽이고 있는 그림자가 있지
 흔들리는 촛불이라던가
 외진 길가의 가로등에 숨어 살기를 좋아하고
 거미줄 치듯 주광성의 덫에 한번 걸려든 것은 놓치는
법이 없지
 사냥법은 생각보다 단순해서
 발목을 잡히면 끝인 거야
 발버둥 치며 달아날수록
 똬리 틀듯 온몸을 감고 올라
 풀썩 쓰러지듯 사라지는 거야

 그림자로부터 도망치는 방법은
 발목을 보이지 않는 거야
 벽에 온몸 바짝 붙여
 빛의 뿌리가 더 이상 자라지 못하게 하거나
 그림자보다 더 짙은 어둠 속으로
 뛰어드는 거지

그것보다 더 획기적인 방법은
배경을 지우는 거야

벽을 지우고
길을 지우고
너마저 지워버리고

마침내
나를 지우고
저기 깜깜한 어둠으로 다시 돌아가는 거지

더덕

서러운 곳에서 태어났어요
늘 응달이죠
몇 해를 붙박이로 여기 살았는지 몰라요
다시 해가 뜨듯 나도 꽃피우고 싶어요
요즘은 하루 하루가 불안해요
나의 정체를 아는 이들이 주변을 어슬렁거려요
산속이든 밭두렁이든 나를 안다는 건 무서워요
아직 꿈도 있고 꽃도 피우고 싶어요

나에겐 감당하기 힘든 향이 있어요
그 향에 취하면 맨손으로도
땅을 헤집어 나를 가지려해요

매일 이 길을 지나면서
눈길을 주고 가는
소나무향이 몸에 밴 저 사람이 무서워요
난 아직 어리고 몸집도 작아요
그런 건 인간의 욕심 앞에

나란 건 없는 거겠죠

사람이 무서워요

목수의 노래

노목의 가지 끝 물관부터 말라드는
서리 가득한 시절에
밑동이 잘려 산판에 굴러떨어지는
꿈에 꿈인 듯한
화염병 같은 시절이 지나고
몇 개의 가지에 생채기가 생겨나서야
피죽을 닮아가는 손으로 밥술이나 뜨나보다
수평과 수직을 볼 줄만 알아도
초짜 목수는 면한다는데
뒤틀린 세상쯤은 고르게 면을 잡고
나무의 뒤틀림은 읽을 줄 알아야
나무의 오행을 알아가는 것이다
늙은 목수의 마른기침에
추녀와 대들보는 걱정인 듯 몸을 비틀어
스스로 자리를 고쳐 앉는 신새벽
도량석 목탁 소리에 깨어난
먼 도시의 깊은 수면 위로
붉어진 단풍의 가는 호흡 같은
물관은 더욱 여위어 간다

유리구슬

저문 강둑을 오래 걸으시던 아버지는
아무 말 없이 강을 건너고
물새알 빈 둥지에 유리구슬 몇 개 남기셨네

구슬에는 봄, 가을 겨울 그리고 여름이 갇혀있고
한 계절에 하나씩 사라지는
투명하고 단단한 유리구슬
작은 목곽에 넣어
아버지 장롱 위에 놓아두면
사과가 익고 마른 풀이 자라
꽃 속으로 눈이 내리겠지

구슬이 사라진 자리마다
월견화 한 무리 아버지 주머니 속에서 자라고
마지막 남은 무지개 구슬마저 사라지자
그것은
달그락거리는 시계 속에서
옅은 달그림자로 흩어지네

태풍颱風

중력조차 거스르던
북태평양 젊은 안개였다가

거칠게 세상을 휘젓다
지붕 낮은 집의 작은 울음이었다가

낡은 창문 너머
가난한 주전자 속 막걸리였다가

어설픈 시인의 가슴속
눈물이었다가, 통곡이었다가

지구별의 밀물이었다가
다시, 썰물이었다가

우주 어느 성간
짧게 사라지는 별빛이었다가

더 이상 회전을 멈춘 그대는

처마 낙수로 떨어지는
늙어버린 시간입니다

굿바이, 오퍼튜니티[1]

고향까지 5억 3000만 km
꿈속에서는 한 걸음이겠지만
카르만 라인[2]을 넘어서자 중력의 끈이 끊어지고 그 때부터 고향은 나를 끌어당길 그 무엇도 아니었다 별빛 따라 7개월의 여정 끝에 찾아온 이 붉은 행성의 모든 것은 낯설음이다 어디 한 곳 미루나무 고사목이라도 있다면 깊은 뿌리 속으로 들어가 한 모금 물을 마시고 깊은 잠이 들면 꿈이라도 꾸련만 모래 폭풍에 갇혀 몇 달을 잠만 자기도 했고 벼랑 끝에서 까치발을 세우기도 했었지 가끔씩 나를 깨우는 고향에서 보내온 전파는 민들레 홀씨처럼 가볍기만 해서 그 누구도 내 묘비명을 써주지 못하리라

이곳 인내의 계곡으로 오기까지 5,000Sol[3]을 살았어 고향의 강아지 정도의 수명이지만 지금 나는 노쇠한 늙은이일 뿐 수구초심으로 누울 자리를 알아가는 이곳에 내 가벼운 몸 뉘일 자리로 택하고 마지막 파노라마를 전송한다

아직 중력을 끊어내지 못하는 그대에게

그대 작은 꿈속에
내 이름을 새겨라

1) 오퍼튜니티 : NASA의 화성 탐사로봇
2) 카르만 라인 : 우주의 경계선, 미 공군에선 고도 50마일 이상
   비행 경험을 한 사람이면 우주비행사로 인정
3) Sol : 화성의 하루 단위로 1솔은 24시간 37분 23초로 지구
   보다 조금 더 길다

빈집 3

옆집 사과 과수원 임차인이 떠나자
모든 것은 예정대로 진행되었다
벽지는 지난 장마 때부터 불어난 습기로
바람 불 때마다
파도 소리가 나기 시작하고
혈액 공급이 차단된 냉장고는
역류성 식도염을 앓는지
위산의 시큼한 냄새가 마루를 지나
우물가를 서성인다
몇 장인지 시멘트 기와가 흘러내려
처마 낙수를 맞으며
잡풀들을 저지하는 사이
새어든 빗물에
상량문은 초서체로 흐려지고
빗장으로 완강하던 부엌조차
빈 소주병이 들어서자
구들은 담석처럼 들려 나가고
벽들은 복수腹水 차듯
배가 불러오기 시작한다

환한 이 곡우의 꽃자리에
우두커니 들고양이처럼 빈집을 담네
소란하지 않게, 모두 떠날 수 있게
문고리는 죄다 뽑아 주머니에 담고
조각난 액자 속 추억을 쓰다듬네

그리하여 지상에 남은 빈집 한 채
완벽한 풍장을 기다리네

세한도 歲寒圖

잣나무 가지 위로 물집으로 쌓이는 눈
사위는 고요한데 어디메쯤 고라니 울고
달빛에 소리도 없이 으스러지는 어둠 속

눈(目) 잃은 바람결에 먹향조차 희미하고
언 강 눈(雪) 위로 내려앉은 서리처럼
맘마저
내 속에 갇혀
시나브로 얼어가네

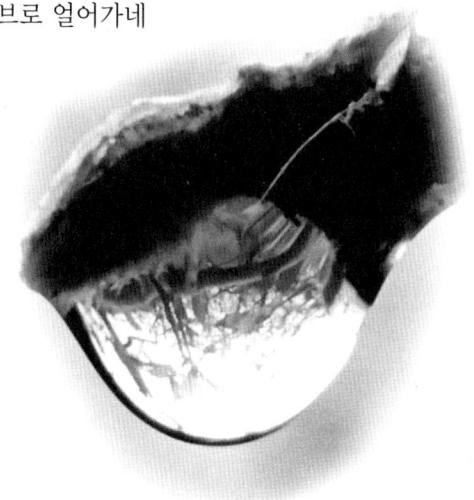

비가 오니 용서하기로 했다

2023년 2월 20일 초판 1쇄 찍음
2023년 2월 28일 초판 1쇄 펴냄

지은이 _ 한진현
펴낸이 _ 라문석
편   집 _ 장상호
교   정 _ 김옥경

펴 낸 곳 _ 도서출판 두엄
등록번호 _ 제03-01-503호
주   소 _ (41969) 대구광역시 중구 명륜로12길 21
대표전화 _ (053)423-2214
전자우편 _ dueum@hanmail.net

ⓒ한진현, 2023
ISBN 979-11-980114-6-6 03810

* 지은이와 협의하여 인지는 생략합니다.
* 이 책 내용의 전부 또는 일부를 재사용하려면 반드시 지은이와
  도서출판 두엄 양측의 동의를 받아야 합니다.
* 책값은 뒤표지에 표시되어 있습니다.

* 이 시집은 지은이의 뜻에 따라 재생용지(그린라이트)를 사용하였습니다.